Stefan Reith

Der Gleichbehandlungsgrundsatz im Arbeitsrecht im Lichte der Vorgaben der Europäischen Gerichtshöfe

SCIENTIA
Das interdisziplinäre Wissenschaftsjournal
Sonderdruck 7 (2021)

Arbeitsgemeinschaft für internationale Beziehungen
Cooperation for international relations

Marosi Verlag, Dr. phil. Silvia Marosi

Bibliographische Information der Deutschen Nationalbibliothek
Die Deutsche Nationalbibliothek verzeichnet diese Publikation in der Deutschen Nationalbibliographie. Detaillierte bibliographische Daten sind im Internet über http://dnb.d-nb.de abrufbar.

Dr. phil. Silvia Marosi, Brandenburger Straße 16, D-50668 Köln &
Arbeitsgemeinschaft für internationale Beziehungen
Cooperation for international relations
Unterheide 25, D-46519 Alpen (Niederrhein)

Druck: Books on Demand GmbH, In de Tarpen 42, D-22848 Norderstedt
Printed in Germany 2021

ISBN 978-3-945636-21-3
ISSN 2511-5227

Herausgeber
Arbeitsgemeinschaft für internationale Beziehungen
Cooperation for international relations
Unterheide 25, D-46519 Alpen (Niederrhein)
rs8227@bdvb.de

Redaktionsleitung
JU Dr. Michael F. Ochsenfeld (V.i.S.d.P.), Hildesheim
Rechtsanwalt und Dipl.-Verwaltungswirt (FH)
Datenschutzauditor (TÜV)

Dr. oec. Rainer Schreiber (V.i.S.d.P.), Düsseldorf
Promotor der Deutsch-Israelischen Gesellschaft/Berlin,
Mitglied des Dt. Fachjournalisten-Verbandes/Berlin

Ausführende Redakteurin/Verlag
Dr. phil. Silvia Marosi, Marosi Verlag, Köln

Ein kurzer Nachruf
zum Tode von Frau Prof. Dr. Hannelore Juhnke

Erst im Juni 2021 haben wir mit Bedauern und mit Mitgefühl erfahren, dass Frau Prof. Dr. Hannelore Juhnke am 08. April 2021 nach kurzer Krankheit im Alter von 91 Jahren in Ihrem Heimatort Brühl im Rheinland verstorben ist.

Nicht nur in ihrem beruflichen Leben, sondern auch in ihrem privaten Leben spielte sowohl die evangelischen Theologie, die Ethik und die Soziologie als auch die Gerontologie in Verbindung mit der Psychologie eine große Rolle. Im Brennpunkt ihrer beruflichen Laufbahn stand neben ihrer fachlichen Kompetenz immerwährend die soziale Frage, die Gerechtigkeit und die Menschlichkeit.

Frau Prof. Juhnke war Gastprofessorin für diesen Themenkreis an der KNU zu Charkow. Es ist ihr immer wieder gelungen, ihr reichhaltiges Wissen einer jungen und interessierten Studentenschaft, besonders in der Ukraine nahe zu bringen. In Erinnerung bleiben auch ihre Vorlesungen an der Ingenieur-Pädagogischen Akademie (U.I.P.A .) in Charkow.

Wir haben Frau Prof. Juhnke als engagierten, kompetenten und liebevollen Menschen kennengelernt. Wir möchten uns für ihre Arbeit, ihre Ideen und Ratschläge, die sie in diesem akademischen Zirkel geleistet und gegeben hat, herzlich bedanken. Frau Prof. Juhnke wird einen würdigen Platz in der akademischen Ahnenreihe einnehmen, und wir werden sie stets in guter Erinnerung halten.

Im Namen der angegebenen Hochschulen

In Vertretung:
Elena Veprytska
Dr. Rainer Schreiber

Charkow in der Ukraine, Berlin und Duisburg im Oktober 2021

INHALTSVERZEICHNIS

Anmerkung: Wird im Text für Personenbezeichnungen nur die grammatikalisch maskuline Form verwendet, erfüllt dies lediglich den Zweck der leichteren Lesbarkeit. Personenbezeichnungen beziehen sich jedoch unterschiedslos auf alle Geschlechter.

I. Problematik und Grundlagen

In zahlreichen Bereichen bestehen Einfallspforten für eine mögliche Diskriminierung im Arbeitsrecht. Diese beziehen sich in erster Linie auf:

- Faktische individuelle Unterschiede bei Menschen: das Alter, Geschlecht, die Nationalität, ethnische Herkunft, Berufserfahrung, Bildung, Ausbildung oder Behinderung. Bereits aus dem Unterschied der Geschlechter kann eine Ungleichbehandlung resultieren, etwa in Form ungleicher Bezahlung für gleiche oder gleichwertige Arbeit;
- sodann sind Unterschiede in der Beschäftigungsart möglich, je nach Beruf, Vertragstypus der Beschäftigung oder Arbeitsbedingungen;
- schließlich ergeben sich Unterschiede auch zwischen den Unternehmen, in Abhängigkeit von Industriezweig, Branche, Unternehmensgröße, etc.

Antworten auf eine Diskriminierung liefern zahlreiche rechtliche Instrumentarien, die im Laufe der Zeit entwickelt wurden und infolge der ausdifferenzierten Rechtsprechung des Gerichtshofs der Europäischen Union (EuGH) und des Europäischen Gerichtshofs für Menschenrechte (EGMR) immer mehr an Bedeutung gewonnen haben. Die wichtigsten Instrumentarien sollen im Folgenden genannt werden.

Einer Klärung bedarf zunächst, wer sich auf eine Gleichbehandlung berufen darf. Hierfür ist der Arbeitnehmer-Begriff ausschlaggebend. Den Ausgangspunkt bildet die Tatsache, dass in den vergangenen 10 Jahren in der EU und in den Mitgliedstaaten allgemein ein verstärkter Regelungsbedarf in folgenden vier Bereichen erkennbar ist:

1. Bei der Durchsetzung von Persönlichkeitsrechten wie Gleichbehandlung und Datenschutz inklusive Gestaltungsrechten für Beschäftigte;
2. bei der Vorgabe eines Mindestlohns und dessen Regulierung;

3. im Bestreben der Verhinderung von Missbrauch durch prekäre Beschäftigungsverhältnisse, sowie
4. bei der Stärkung kollektiver Interessenvertretungen und Mitbestimmung durch Arbeitnehmer.[1]

Das Unionsrecht enthält keinen allgemeingültigen Arbeitnehmer-Begriff. Lediglich Art. 3 lit. a) der Arbeitsschutzrahmen-RL 89/391/EWG[2] aus 1989 definiert den Arbeitnehmer-Begriff autonom und sehr weit im Rahmen des sachlichen Anwendungsbereichs dieser Richtlinie betreffend Sicherheit und Gesundheitsschutz von Arbeitnehmern. Abzustellen ist daher auf den vom EuGH entwickelten Arbeitnehmer-Begriff, der den Arbeitnehmer-Begriff zusehends vereinheitlicht, aber wesentlich weiter reicht als der deutsche Arbeitnehmer-Begriff. Leitbild ist der Begriff der Arbeitnehmer-Freizügigkeit. Hauptcharakteristika sind die Neutralität des Rechtsgrundes der Arbeitnemer-Eigenschaft und ein „nicht auf persönliche Abhängigkeit beschränktes Weisungsrecht".[3] Der EuGH dehnt zudem das europäische Arbeitsrecht auf wirtschaftlich abhängige (auch arbeitnehmerähnliche, schutzbedürftige) Personen aus.[4]

II. Rechtsgrundlagen und Zielrichtung der Anti-Diskriminierungspolitik in Europa

1. Instrumentarien und Rechtsquellen

Auf *globaler Ebene* ist an vorderster Stelle die Internationale Arbeitsorganisation (ILO) mit ihrem Übereinkommen Nr. 100, Übereinkommen über die Gleichheit des Entgelts männlicher und weiblicher Ar-

---

[1] *Nielebock*, Rechte Beschäftigter und ihrer Interessenvertretungen, SR 5/2017, S. 204 f.

[2] RL 89/391/EWG des Rates vom 12. Juni 1989 über die Durchführung von Maßnahmen zur Verbesserung der Sicherheit und des Gesundheitsschutzes der Arbeitnehmer bei der Arbeit, ABl. L 183/1.

[3] *Temming*, Systemverschiebungen durch den unionsrechtlichen Arbeitnehmerbegriff, SR 4/2016, S. 159 ff., 168.

[4] *Temming*, SR 4/2016, S. 159 ff., 168.*Temming*, SR 4/2016, S. 159 ff., 168.

beitskräfte für gleichwertige Arbeit, aus 1951 zu nennen. Daneben ist für das gestellte Thema die Konvention zur Beseitigung jeder Form von Diskriminierung der Frau (CEDAW) aus dem Jahre 1979 der Vereinten Nationen (UN) von Bedeutung. Auf *regionaler* bzw. *europäischer Ebene* sind seitens des Europarates die Europäische Sozialcharta aus 1961 und die Europäische Menschenrechtskonvention aus 1950 zu nennen, und hier im speziellen Art. 14 EMRK sowie das Protokoll Nr. 12 über das Diskriminierungsverbot.

Sodann sind auf der Ebene der Europäische Union folgende Primärrechtsquellen von Belang: Art. 10 AEUV, wonach die Union bei „der Festlegung und Durchführung ihrer Politik und ihrer Maßnahmen (...)“ darauf abzielt, „Diskriminierungen aus Gründen des Geschlechts, der Rasse, der ethnischen Herkunft, der Religion oder der Weltanschauung, einer Behinderung, des Alters oder der sexuellen Ausrichtung zu bekämpfen“. Art. 157 Abs. 1 AEUV schreibt sodann vor, dass jeder „Mitgliedstaat (...) die Anwendung des Grundsatzes des gleichen Entgelts für Männer und Frauen bei gleicher oder gleichwertiger Arbeit“ sicherzustellen hat.

Unter den *Primärrechtsquellen* ist ferner Art. 20 Charta der Grundrechte der Europäischen Union (GRCh) von Bedeutung, der lautet: „Alle Personen sind vor dem Gesetz gleich“. Art. 21 Abs. 1 GRCh schreibt zusätzlich vor, dass „Diskriminierungen insbesondere wegen des Geschlechts, der Rasse, der Hautfarbe, der ethnischen oder sozialen Herkunft, der genetischen Merkmale, der Sprache, der Religion oder der Weltanschauung, der politischen oder sonstigen Anschauung, der Zugehörigkeit zu einer nationalen Minderheit, des Vermögens, der Geburt, einer Behinderung, des Alters oder der sexuellen Ausrichtung“ verboten sind. Diskriminierungen aus Gründen der Staatsangehörigkeit sind nach Absatz 2 dieser Bestimmung verboten.

Unter den *Sekundärrechtsquellen* des Unionsrechts sind in erster Linie zunächst die Richtlinie 2000/43/EG des Rates vom 29.06.2000 zur

Anwendung des Gleichbehandlungsgrundsatzes ohne Unterschied der Rasse oder der ethnischen Herkunft („Gleichbehandlungsrichtlinie“)[5] voranzustellen. Die Richtlinie 2000/78/EG des Rates vom 27.11.2000 schreibt einen allgemeinen Rahmen für die Verwirklichung der Gleichbehandlung in Beschäftigung und Beruf („Gleichbehandlungsrahmenrichtlinie“)[6] vor. Allgemein zur Gleichheit der Geschlechter sind von Relevanz: die Richtlinie 2004/113/EG des Rates vom 13.12. 2004 zur Verwirklichung des Grundsatzes der Gleichbehandlung von Männern und Frauen beim Zugang zu und bei der Versorgung mit Gütern und Dienstleistungen[7], wie auch die Richtlinie 2006/54/EG des Europäischen Parlaments und des Rates vom 05.07.2006 zur Verwirklichung des Grundsatzes der Chancengleichheit und Gleichbehandlung von Männern und Frauen in Arbeits- und Beschäftigungsfragen (Neufassung)[8].

2. Die Rolle des EuGH und Durchsetzung der Gleichstellungspolitik

Die Rolle des EuGH ist in der Entwicklung und Präzisierung des europäischen Gleichstellungsrechts von überragender Bedeutung. Der EuGH hat einerseits allgemeine Rechtsgrundsätze in Bezug auf die Aspekte Gleichstellung und Antidiskriminierung, Verhältnismäßigkeit, Rechtssicherheit, berechtigte Erwartungen *(„legitimate expectations“)*, das Rückwirkungsverbot von Normen sowie zur Meinungsfreiheit

---

[5] RL 2000/43/EG des Rates vom 29. Juni 2000 zur Anwendung des Gleichbehandlungsgrund-satzes ohne Unterschied der Rasse oder der ethnischen Herkunft, ABl. L 180/22.

[6] RL 2000/78/EG des Rates vom 27. November 2000 zur Festlegung eines allgemeinen Rahmens für die Verwirklichung der Gleichbehandlung in Beschäftigung und Beruf, ABl. L 303/16.

[7] RL 2004/113/EG des Rates vom 13. Dezember 2004 zur Verwirklichung des Grundsatzes der Gleichbehandlung von Männern und Frauen beim Zugang zu und bei der Versorgung mit Gütern und Dienstleistungen, ABl. L 373/37.

[8] RL 2006/54/EG des Europäischen Parlaments und des Rates vom 5. Juli 2006 zur Verwirklichung des Grundsatzes der Chancengleichheit und Gleichbehandlung von Männern und Frauen in Arbeits- und Beschäftigungsfragen (Neufassung), ABl. L 204/23.

innerhalb eines Arbeitsverhältnisses entwickelt. Andererseits hat der EuGH in wichtigen Entscheidungen Aussagen zur Auslegung der Gleichbehandlungs- und Gleichbehandlungsrahmenrichtlinie (RL 2000/43/EG und RL 2000/78/EG), wie auch zu anderen einschlägigen Richtlinien getroffen.[9]

(a) Drei Grundprinzipien der europäischen Gleichstellungspolitik

Innerhalb der europäischen Gleichstellungspolitik sind drei wesentliche Prinzipien zu beachten:

1. Die Zielrichtung des europäischen Gleichstellungsrechts (speziell im Arbeitsrecht) war ursprünglich nicht auf die Bewerkstelligung von Gleichheit per se ausgerichtet, sondern auf die Umsetzung des Binnenmarktes, auf die Arbeitsmarktintegration und auf die Sicherstellung der europäischen Wettbewerbspolitik inklusive Verhinderung von Wettbewerbsverzerrungen innerhalb der EU.[10] Folglich stellt der EuGH in seiner Rechtsprechung darauf ab, ob eine Ungleichbehandlung im Rahmen eines Arbeitsverhältnisses (z.B. bei behaupteter Altersdiskriminierung) ein legitimes Ziel verfolgt und den „Verhältnismäßigkeitstest" besteht, d.h., ob eine Maßnahme zulasten des Arbeitnehmers objektiv gerechtfertigt war.[11]
2. Infolge der einschlägigen *EU-Richtlinien* waren die EU-Mitgliedstaaten zur Umsetzung des europäischen Gleichstellungsrechts in

---

[9] *Weber*, Altersdiskriminierung bei Ausschluss einer Abfindungszahlung an Studierende/Schüler, Anm. zu EuGH 01.10.2015, C-432/14, AuR 6/2016, S. 244; *Kappler*, AGG-Hopping rechtsmissbräuchlich, Anm. EuGH 28.07.2016, C-423/15, AuR 1/2017, S. 33.

[10] *Lane*, Woodcock v Cumbria Primary Care Trust: The Objective Justification Test for Age Discrimination, The Modern Law Review 01/2013, S. 146, 148; *Razzolini*, Constitutionalization of Socio-Economic Rights at the EU-Level: Some Critical Notes, KritV 2015, S. 291.

[11] *Lane*, The Modern Law Review 01/2013, S. 146, 148; *Razzolini*, KritV 2015, S. 291.

nationales Recht verpflichtet. In Deutschland erfolgte diese Umsetzung durch das Allgemeine Gleichbehandlungsgesetz (AGG) im Jahre 2006.[12] Verabsäumt ein Mitgliedstaat die vollständige Umsetzung der Richtlinie in innerstaatliches Recht, kann sich der Einzelne vor den staatlichen Gerichten unmittelbar auf die Bestimmungen der Richtlinie berufen (Prinzip der „unmittelbaren Anwendbarkeit" der Richtlinie). Im Falle behaupteter Diskriminierung muss der Geschädigte nachweisen, dass es sich bei der geltend gemachten Bestimmung um einen hinreichend bestimmten und nicht an Bedingungen geknüpften Grundsatz handelt, der für die Anwendung eines staatlichen Gerichts umsetzbar ist, um die Rechtsposition des Einzelnen zu stützen. Der Grundsatz der unmittelbaren Anwendbarkeit wird jedoch nur bei Beschwerden angenommen, die sich gegen eine öffentliche Einrichtung oder ein staatliches Handeln richten. Wie aus der *Francovich*-Entscheidung (EuGH, C-6/90 und C-9/90) vom 19.11.1991 hervorgeht, kann die mangelnde nationale Umsetzung einer Richtlinie Entschädigungsansprüche gegen einen Staat nach sich ziehen. Infolge mangelnder Richtlinienumsetzung war dem Beschwerdeführer dadurch ein Schaden entstanden, dass Italien keinen Ausfallsfonds für den Fall der Insolvenz eines Arbeitgebers eingerichtet hatte.

3. Unterscheidung unmittelbare – mittelbare Diskriminierung: Ausgehend von den eingangs genannten Richtlinien, die u.a. eine Gleichbehandlung im Arbeitsrecht bezwecken, ist zwischen unmittelbarer und mittelbarer Diskriminierung zu unterscheiden. Beide Formen sind im Unionsrecht anerkannt. Indem die Anti-Diskriminierungs-Richtlinien den im nationalen Recht vorgeschriebenen Mindeststandard in Bezug auf das Verbot der Diskriminierung, Mindestverpflichtungen der Mitgliedstaaten, Mechanismen für die Einführung und Durchsetzung solcher Rechtsvorschriften sowie für die Förderung der Gleichbehandlung festlegen, geben sie die vom Unionsgesetzgeber gewollte Zielrichtung vor. Die Vorgaben in den Richtlinien stellen aber keine abschließende Regelung dar,

[12] *Nielebock*, SR 5/2017, S. 204 f.

sondern sind in einem kontinuierlichen Entwicklungsprozess begriffen.

Folgende Grundsätze der europäischen Gleichstellungspolitik lassen sich zusammenfassen (vgl. Art. 2 Abs. 2 a) 2000/78/EG): Eine unmittelbare Diskriminierung liegt vor, wenn eine Person gegenüber einer anderen Vergleichsperson unter vergleichbaren Umständen benachteiligt wird, ohne Rücksicht auf den Rechtsgrund. Mit Ausnahme einer Ungleichbehandlung aufgrund des Alters gibt es keine allgemeine Rechtfertigung für eine direkte Diskriminierung. Die Absicht des Diskriminierenden spielt keine Rolle – abzustellen ist darauf, ob eine Person im Vergleich zu einer anderen benachteiligt wurde; eine „weniger günstige Lage“ kann sich in einer Ablehnung, einem Ausschluss, in ungünstigeren Bedingungen oder einer schlechteren Arbeitsstelle, in der Verweigerung einer Wahlmöglichkeit etc. äußern.[13]

Eine mittelbare Diskriminierung (vgl. RL 2000/78/EG Art. 2 Abs. 2 b)) liegt vor, wenn eine scheinbar neutrale Regelung (gesetzliche Bestimmung), ein Kriterium oder ein Verfahren in Bezug auf den Schutzumfang der Bestimmung eine betroffene Person gegenüber einer anderen Person besonders benachteiligt, es sei denn, die konkrete Regelung, das Kriterium oder Verfahren ist objektiv gerechtfertigt. Damit aber die gerügte Regelung objektiv gerechtfertigt ist, muss das Kriterium oder Verfahren ein legitimes Ziel verfolgen und ein geeignetes und erforderliches Mittel zur Erreichung dieses Ziels sein. Diese in den Richtlinien vorgeschriebene Verhältnismäßigkeitsprüfung ist in jedem Einzelfall vorzunehmen.

Eine Benachteiligung anerkennt das Unionsrecht dem Grunde nach, gestützt auf die erlassenen Richtlinien, in sieben Fällen: wenn eines der geschützten Merkmale (Geschlecht, ethnische Herkunft, Religion, Weltanschauung, sexuelle Orientierung, Alter oder Behinderung)

[13] EuGH 10.5.2011, C-147/08 – *Römer*.

tangiert ist.[14] Damit ist der personale Schutzzweck der Richtlinie eröffnet. Zugleich können Benachteiligungen als Ausnahme von der Grundregel gerechtfertigt sein und gelten dann nicht als Diskriminierung (vgl. Art 2, 4-7 Rahmen-RL, Art 2 ff. Gleichbehandlungs-RL). Im Arbeitsrecht wird eine Benachteiligung bereits dann angenommen, wenn sich diese aus einem Vergleich *verschiedener* Betriebe ergibt, wenn eine schlechtere Behandlung im Vergleich zur *Mehrheit* der Arbeitnehmer (ohne Benennung einer konkreten Person) vorliegt, oder sogar, wenn aufgrund eines „verpönten Merkmals" *(suspect ground)* „ein Recht vorenthalten oder ein Nachteil auferlegt wird".[15]

(b) Wen schützen die Rechtfertigungsgründe, die eine Benachteiligung rechtfertigen können?

Die Rechtfertigungsgründe zur Durchbrechung des Diskriminierungs-vorwurfs können drei Interessengruppen dienen:

1.) Schutz von Arbeitnehmer-Interessen:
Rechtfertigungsgründe können den Interessen der Arbeitnehmer dienen, vor allem im Fall positiver Maßnahmen, um Benachteiligungen aufgrund der ethnischen Herkunft, des Geschlechts oder der Behinderung auszugleichen. Als Beispiel ist die Differenzierung zugunsten von Frauen bei Schwangerschaft und Mutterschaft zu nennen, vgl. Art 28 Gleichbehandlungs-RL 2006/54/EG.

2.) Schutz von Arbeitgeber-Interessen:
Der Arbeitgeber darf nach Geschlecht oder einem anderen Merkmal unterscheiden, wenn dieses Merkmal eine wesentliche und ausschlaggebende berufliche Voraussetzung bildet. Voraussetzung einer legitimen Unterscheidung ist, dass der Arbeitgeber einen

---

[14] *Pöschl*, Verfassungsrechtliche Gleichheit, arbeitsrechtliche Gleichbehandlung, unionsrechtliche Antidiskriminierung, DRdA 6/2013, S. 480.
[15] *Pöschl*, DRdA 6/2013, S. 480; *Lane*, The Modern Law Review 01/2013, S. 148.

„rechtmäßigen Zweck verfolgt und angemessene Anforderungen stellt" (Art 14 Abs 2 Gleichbehandlungs-RL).[16]

3.) Schutz überindividueller (vor allem öffentlicher) Interessen:
Als Rechtfertigungsgründe kommen Vorschriften zum Schutz des Arbeitsmarktes, der öffentlichen Sicherheit, für Zwecke der nationalen Verteidigung, Verhütung von Straftaten etc. in Betracht.[17]

III. Repräsentatives Case Law des EuGH und EGMR

(a) Europäischer Gerichtshof für Menschenrechte

Die Praxis vor dem EGMR zur Anti-Diskriminierung in arbeitsrechtlichen Belangen zeigt die enge Verbindung zu zahlreichen Grundrechtspositionen und Überschneidungen von Arbeitsrecht und Privat- und Familienleben auf. Besondere Bedeutung haben die Fälle an der Schnittstelle zwischen Anti-Diskriminierung und Religionsfreiheit erlangt.

Als prominente Beispiele lassen sich die Fälle *Schüth gegen Deutschland* aus 2010[18] und *Travaš gegen Kroatien* aus 2016[19] anführen. In beiden Fällen ging es um eine Auflösung des Arbeitsvertrages von Seiten kirchlicher Arbeitgeber. Die Kündigung des Kirchenmusikers bzw. Religionslehrers wurde wegen Wiederheirat Geschiedener und Unvereinbarkeit mit den kirchlichen Grundsätzen ausgesprochen. Berührt waren nicht nur die Achtung des Privat- und Familienlebens nach Art. 8 EMRK, sondern auch die Religionsfreiheit der Kirchen und deren Selbstbestimmungsrecht nach Art. 9 EMRK. Zudem bestand die Schwierigkeit darin, die Kontrollfähigkeit kirchlicher Anforderungen an die Loyalität ihrer Arbeitnehmer

---

[16] *Pöschl*, DRdA 6/2013, S. 480.
[17] *Pöschl*, DRdA 6/2013, S. 480.
[18] EGMR 23.09.2010, Beschwerde Nr. 1620/03 – *Schüth gegen Deutschland.*
[19] EGMR 04.10.2016, Beschwerde Nr. 75581/13 – *Travaš gegen Kroatien.*

abzugrenzen.[20] In *Schüth gegen Deutschland* stellte der EGMR eine Verletzung von Art. 8 EMRK fest, da die deutschen Arbeitsgerichte die Bestandsschutzinteressen des Beschwerdeführers nicht hinreichend gewürdigt hatten. Die besondere Qualifikation des Beschwerdeführers innerhalb seiner Anstellung bei der katholischen Kirche hätte ihm eine Beschäftigung bei einem anderen Arbeitgeber kaum ermöglicht. Dies gilt ungeachtet der Bestimmung des Art. 4 der RL 2000/78/EG, der eine Diskriminierung bei besonderen Anforderungen an einen Beruf (Religion) ausschließt.

Im Fall *Travaš gegen Kroatien* wurde ein Religionslehrer durch eine staatliche Schule wegen Entzugs einer kanonischen Lehrbefugnis nach seiner Ehescheidung und Wiederverheiratung gekündigt. In diesem Fall stellte der EGMR jedoch *keinen* Eingriff in das Recht auf Privat- und Familienleben nach Art. 8 EMRK fest, da den Beschwerdeführer nach Ansicht des Gerichtshofs eine durch die kirchliche Autonomie begründete strengere Loyalitätsobliegenheit traf.[21] Dennoch hielt der EGMR grundlegend fest, dass aus Art. 8 EMRK zwar kein Recht auf Arbeit abgeleitet werden könne, dass aber diese Bestimmung auch dasBerufsleben erfasse.[22]

(b) Gerichtshof der Europäischen Union

Zur Anti-Diskriminierung im Arbeitsrecht sei ferner auf zwei aktuelle Fälle verwiesen, die der EuGH 2021 entschied. In der Rechtssache *VL gegen Szpital Kliniczny* (Polen), C-16/19, Urteil vom 26.01.2021, urteilte der EuGH, dass eine Ungleichbehandlung von Personen, die denselben geschützten Rechtsgrund teilen (vorliegend: Behinderung), diskriminierend sein kann, wenn sie auf eben diesem Grund beruht. *VL,*

[20] *Schlachter*, Der Einfluss des Arbeitsvölkerrechts auf das nationale Recht – aktuelle Perspektiven, SR 3/2017, S. 117 ff.

[21] *Scholz*, Kirchliches Arbeitsrecht in Europa (2021), S. 132.

[22] *Klocke*, Kündigung eines Religionslehrers wegen Fehlens einer kanonischen Beauftragung, Anm. zu EGMR 04.10.2016, Nr. 75581/13, AuR 6/2017, S. 259.

eine beschäftigte Psychologin des Krankenhauses in Krakau, reichte 2011 bei ihrem Arbeitgeber eine Behindertenbescheinigung ein. Im Jahr 2013 beschloss das Krankenhaus, Mitarbeitern, die Invaliditätsbescheinigungen einreichen, eine monatliche Beihilfe zu gewähren, um die an die Behörden geschuldeten Beiträge zu reduzieren. Polnische Arbeitgeber mit weniger als 6% der Arbeitnehmer mit Behinderung wurden schlechter gestellt, wobei die Zusatzleistung darauf abzielte, Arbeitnehmer mit einer Behinderung zu motivieren, eine Behindertenbescheinigung anzufordern.

VL reichte zusammen mit 16 weiteren Mitarbeitern ihren Invaliditätsausweis vor der Entscheidung des Krankenhauses ein und wurde dennoch von der Leistung dieser Beihilfe ausgeschlossen. *VL* erhob Klage gegen ihren Arbeitgeber und machte geltend, dass sie diskriminiert worden sei, unter Berufung auf Art. 2 der RL 2000/78/EG. Der polnische Gerichtshof legte dem EuGH das Vorabentscheidungsersuchen vor, ob eine mittelbare Diskriminierung im Sinne von Art. 2 lit. b der genannten Richtlinie vorliegt, wenn ein Arbeitgeber innerhalb einer Gruppe von Arbeitnehmern differenziert, die durch ein geschütztes Merkmal – im vorliegenden Fall eine Behinderung – definiert ist, ohne dass die betreffenden Arbeitnehmer mit Behinderungen weniger günstig behandelt werden als Arbeitnehmer, die keine Behinderung haben.

Entscheidung des EuGH:

Der EuGH erinnerte daran, dass Art. 2 lit. b der Richtlinie nicht so zu verstehen sei, dass er nur eine Ungleichbehandlung von Menschen mit Behinderungen gegenüber Personen ohne Behinderung verbietet. Der EuGH interpretiert die Richtlinie zwar so, dass die Fälle von Diskriminierung aufgrund einer Behinderung, in denen sie Anwendung findet, im Allgemeinen Unterschiede in der Behandlung von Menschen mit und ohne Behinderung betreffen, ihr Anwendungsbereich jedoch nicht auf solche Vergleiche beschränkt ist. Der in der RL 2000/78 verankerte Grundsatz der Gleichbehandlung soll somit einen Arbeitnehmer, der eine Behinderung hat, vor *jeder* Diskriminierung aufgrund dieser Behinderung schützen, und zwar nicht nur gegenüber Arbeitnehmern, die keine Behinderung haben, sondern auch gegenüber anderen Arbeitnehmern, die eine Behinderung haben. Solch eine Ungleichbehandlung kann daher als diskriminierend gewertet werden. Es obliegt dem vorlegenden Gericht, zu prüfen, ob aufgrund der tatsächlichen Umstände eine (un)unmittelbare Diskriminierung anzunehmen ist oder nicht.

Als weiterer bedeutender Fall ist *KO gegen Consulmarketing SpA*, C-652/19, Urteil des EuGH vom 17.03.2021, zu nennen. In diesem Fall entschied der EuGH über die Anwendung eines weniger vorteilhaften Schutzsystems für befristete Arbeitsverträge, die vor Inkrafttreten eines günstigeren Schutzsystems geschlossen und nach diesem Zeitpunkt in unbefristete Verträge umgewandelt wurden. Vorliegend urteilte der Gerichtshof, dass diese Ungleichbehandlung nicht diskriminierend sei, weil objektive Gründe die unterschiedliche Behandlung befristet beschäftigter Arbeitnehmer rechtfertigten.

Entscheidung des EuGH:

Die gerügte Bestimmung der Rahmenvereinbarung über befristete Arbeitsverhältnisse hindere die nationale Regelung nicht daran, ein neues System zum Schutz von Festangestellten vorzusehen. Bei einer rechtswidrigen Kündigung eines Arbeitnehmers, dessen befristeter Arbeitsvertrag vor dem Inkrafttreten dieser Vorschriften in Kraft getreten sei, werde der Vertrag nach diesem Zeitpunkt in einen unbefristeten Vertrag umgewandelt. Die Behandlung der Umwandlung eines befristeten Arbeitsvertrages in einen unbefristeten Vertrag sei wie eine Neueinstellung Teil einer umfassenderen Reform des italienischen Sozialrechts, deren Ziel es sei, Festanstellungen zu fördern. Unter diesen Umständen sei eine Maßnahme, die die Umwandlung eines Arbeitsvertrages wie eine Neueinstellung behandle, sowohl in tatsächlicher als auch in rechtlicher Hinsicht Teil eines spezifischen Kontextes, der die Ungleichbehandlung ausnahmsweise rechtfertige.

IV. Globale Gleichbehandlung als Utopie

Die Anti-Diskriminierungspolitik erscheint aus diversen Blickwinkeln utopisch oder muss zumindest eingeschränkt interpretiert werden. Dies vor allem, wenn man die ökonomische Perspektive miteinbezieht. Als Beispiel einer kaum zu bewerkstelligenden Gleichstellung lässt sich zum einen die Vorgabe des „gleichen Entgelts für gleiche Arbeit" nennen. Dieser Grundsatz gilt sowohl auf nationaler Ebene, als auch auf europäischer Ebene als Kernbestandteil des Arbeitsrechts. Man denke an die Bestimmungen in Art. 157 Abs. 1 AEUV, Art. 23 GRCh und an die aufgezeigte Rechtsfortbildung durch den EuGH. Auch in „Billiglohnländern" gehört dieser Grundsatz zum allgemein anerkannten Wertekanon, der durch das ILO Abkommen Nr. 111 über die Diskriminierung in Beschäftigung und Beruf noch gestützt wird.[23]

Dennoch wird dieser Grundsatz in mehreren Bereichen durchbrochen, so auch in Deutschland. Theoretisch unangefochten gilt „gleiches Entgelt für gleiche Arbeit" nur auf einen einzelnen Betrieb bzw. Betriebsstandort bezogen, wohingegen bereits eine Erstreckung auf ein Unternehmen und erst recht im Konzern überwiegend abgelehnt wird.[24] Eine weitere Einfallspforte für eine Ungleichbehandlung besteht in Deutschland insofern, als an entliehene Beschäftigte eine weitaus niedrigere Vergütung gezahlt werden darf als an sogenannte Stammbeschäftigte, obwohl die zu erbringende Arbeitsleistung gleich ist. Hinzu kommen faktische Lohnunterschiede im Jahresbruttoeinkommen zwischen Deutschland und anderen Staaten, sogar zwischen den Staaten innerhalb der EU.[25]

Die Anti-Diskriminierungspolitik erfährt aber auch durch weitere Faktoren erhebliche Einschränkungen. Zu denken ist etwa an die Möglichkeit, dass ein Staat eine relevante EU-Richtlinie auf dem Gebiet der Gleichbehandlung im Arbeitsrecht nur „halbherzig" umsetzt,

---

[23] *Pauli*, Die globale Kartellfunktion des Tarifvertrages, AuR 6/2018, S. 275.
[24] *Pauli*, AuR 6/2018, S. 275.
[25] *Pauli*, AuR 6/2018, S. 275.

wie dies in Deutschland in der frühen Phase der Umsetzung einer Gleichstellung in Bezug auf die Gleichbehandlungs-RL 76/207 aus 1976 der Fall war.[26] Namentlich war in dieser Frühphase für den Fall einer Diskriminierung wegen des Geschlechts im Zuge einer Einstellung als Entschädigung nur der Vertrauensschaden vorgesehen. Der EuGH entschied daraufhin, dass ein rein symbolischer Schadensersatz bei einer festgestellten Diskriminierung nicht ausreichend sei und verlangte eine hinreichende Entschädigung mit abschreckender Wirkung.[27]

Eine Einschränkung zulasten der Wirkung der europäischen Gleichstellungspolitik wird aber selbstredend auch dadurch erzeugt, dass den Mitgliedstaaten in der Regelung von Arbeitsbeziehungen ein weiter Entscheidungs- und Ermessensspielraum verbleibt. Deutlich wird dies anhand der genannten Rechtsprechungsbeispiele, die eine Kündigung seitens kirchlicher Arbeitgeber behandeln. Dennoch wird das nationale Recht immer stärker vom Unionsrecht überlagert, was etwa aus der Erweiterung des Arbeitnehmer-Begriffs durch den EuGH hervorgeht.[28] Im Ergebnis ist dies positiv zu werten, um einen umso größeren Personenkreis in den Schutzbereich des Unionsrechts aufzunehmen.

---

[26] *Colneric*, Der gewerkschaftliche Rechtsschutz vor dem EuGH, AuR 7-8/2018, S. 325, 328.
[27] *Colneric*, AuR 7-8/2018, S. 328.
[28] *Temming*, SR 4/2016, S. 168.

A. Quellenverzeichnis

Colneric, Ninon: Der gewerkschaftliche Rechtsschutz vor dem EuGH, AuR 7-8/2018, S. 323-328.

Kappler, Katrin: AGG-Hopping rechtsmissbräuchlich, Anm. EuGH 28.07.2016, C-423/15, AuR 1/2017, S. 33-35.

Klocke, Daniel: Kündigung eines Religionslehrers wegen Fehlens einer kanonischen Beauftragung, Anm. zu EGMR 04.10.2016, Nr. 75581/13, AuR 6/2017, S. 259-261.

Lane, Jackie: Woodcock v Cumbria Primary Care Trust: The Objective Justification Test for Age Discrimination, The Modern Law Review 01/2013, S. 146-157.

Nielebock, Helga: Rechte Beschäftiger und ihrer Interessenvertretungen, SR 5/2017, S. 204-211.

Pauli, Hanns: Die globale Kartellfunktion des Tarifvertrages, AuR 6/2018, S. 274-277.

Pöschl, Magdalena: Verfassungsrechtliche Gleichheit, arbeitsrechtliche Gleichbehandlung, unionsrechtliche Antidiskriminierung, DRdA 6/2013, S. 467-483.

Razzolini, Orsola: Constitutionalization of Socio-Economic Rights at the EU-Level: Some Critical Notes, KritV 2015, S. 284-302.

Schlachter, Monika: Der Einfluss des Arbeitsvölkerrechts auf das nationale Recht – aktuelle Perspektiven, SR 3/2017, S. 111-121.

Scholz, Florian: Kirchliches Arbeitsrecht in Europa. Rechtliche Rahmenbedingungen der Beschäftigung von Arbeitnehmern durch die Kirchen in Deutschland, England, Österreich und Frankreich unter besonderer Berücksichtigung staatskirchenrechtlicher Grundlagen, Hrsg. G. Thüsing/J. Joussen, Band 12, Lambertus Verlag, Freiburg i.B., 2021.

Temming, Felipe: Systemverschiebungen durch den unionsrechtlichen Arbeitnehmerbegriff, SR 4/2016, S. 158-168.

Weber, Maike: Altersdiskriminierung bei Ausschluss einer Abfindungszahlung an Studierende/Schüler, Anm. zu EuGH 01.10.2015, C-432/14, AuR 6/2016, S. 243-246.

B. Abkürzungsverzeichnis

ABl.	Amtsblatt der Europäischen Union
AEUV	Vertrag über die Arbeitsweise der Europäischen Union
AGG	Allgemeines Gleichbehandlungsgesetz
Anm.	Anmerkung
AuR	Arbeit und Recht
DRdA	Das Recht der Arbeit (Zeitschrift)
EG	Europäische Gemeinschaften
EU	Europäische Union
EGMR	Europäischer Gerichtshof für Menschenrechte
EuGH	Gerichtshof der Europäischen Union
gem.	gemäß
GRCh	Charta der Grundrechte der Europäischen Union
Hrsg.	Herausgeber
ILO	International Labour Organisation (Internationale Arbeitsorganisation)
KritV	Kritische Vierteljahresschrift für Gesetzgebung und Rechtswissenschaft
m.w.N.	mit weiteren Nachweisen
RL	Richtlinie
S.	Seite
SR	Soziales Recht (Zeitschrift)
UN	United Nations

Appendix

Diese Publikation erfolgt im Rahmen der weiteren, wissenschaftlichen Zusammenarbeit an der Hochschule UIPA zu Charkow in der Ukraine.